CONTES À REBOURS

VOYAGES DANS UN
ESPACE
NOMADE

COLLECTION « PAROLES »

Planète rebelle

Fondée en 1997 par André Lemelin,
dirigée par Marie-Fleurette Beaudoin depuis 2002
7537, rue Saint-Denis, Montréal (Québec) H2R 2E7 CANADA
Téléphone: 514. 278-7375 – Télécopieur: 514. 270-5397
Adresse électronique: info@planeterebelle.qc.ca
www.planeterebelle.qc.ca

Révision: Janou Gagnon
Correction d'épreuves: Carmen Desmeules
Conception de la couverture: Marie-Eve Nadeau
Mise en pages: Marie-Eve Nadeau
Impression: Transcontinental Métrolitho

Les éditions Planète rebelle remercient le Conseil des Arts du Canada de l'aide accordée à leur programme de publication, ainsi que la Société de développement des entreprises culturelles du Québec (SODEC) et le «Gouvernement du Québec – Programme de crédit d'impôt pour l'édition de livres – Gestion SODEC». Planète rebelle remercie également le ministère du Patrimoine canadien du soutien financier octroyé dans le cadre de son «Programme d'aide au développement de l'industrie de l'édition (PADIÉ)».

Distribution en librairie:
Diffusion Prologue, 1650, boul. Lionel-Bertrand
Boisbriand (Québec) J7H 1N7 CANADA
Téléphone: 450. 434-0306 – Télécopieur: 450. 434-2627
www.prologue.ca

Dépôt légal: 4e trimestre 2009
Bibliothèque et Archives nationales du Québec
Bibliothèque et Archives Canada
ISBN: 978-2-923735-03-0

Joujou Turenne

Contes à rebours

Voyages dans un
Espace
Nomade

Planète rebelle

Table des matières

Pour la promesse de l'espérance du voyageur en partance,
en exil, en migrance vers un ailleurs...

Préface

Pour désencager la mémoire

Conter pour désencager la mémoire, pour revenir aux sources, au pays natal, comme aimait le poétiser Césaire.

Conter pour ne jamais mourir, pour retourner en arrière et se projeter en avant, le cœur battant de tous ses imaginaires sur les hémisphères du monde des négriers en partance.

Conter pour conjurer le sort, pour amener avec soi, dans l'enveloppe du cœur, ce tout petit étui, cet espace vital où l'on enfouit la respiration première, une fois le cordon coupé, la pirogue volante navigant à des années-lumière de l'ouverture de ses paupières ourlant le tétin d'un sein de résistance pour des siècles à venir.

Pour que la parole jamais ne se dessèche.

Conter pour remonter le fil ténu d'une vie à vivre, pour lui donner un sens, chacun des contes trouvant ainsi sa propre survivance d'escale en escale, de sa partance première d'Afrique, en passant par l'Haïti chérie de ses veinures de destinée, pour finalement rompre leurs amarres antillaises en quête de toujours plus de liberté à rapatrier, prenant tout à coup le feuillage du frimas et la couleur des braises de la survie, en pays que voici.

Joujou ne conte pas pour passer le temps, mais pour traverser le temps dignement, debout sur ses jambes de continents pour retrouver ses ancêtres ayant traversé les mers. Joujou conte pour que jamais ne meure la mémoire de ceux qui l'ont enfantée.

Joujou est comédienne de formation, il ne faudrait jamais l'oublier. Voilà pourquoi elle sait si bien sonder l'âme humaine pour en dessiner les pourtours et les formes en tournoyant sur elle-même, comme un arc-en-ciel en partance.

Et pourtant, l'arc-en-ciel vient toujours après le grain, après le gris, après les lambeaux de déchirement du néant dans la grande voûte des cieux dont on ne sait prou ou peu...

Joujou conte pour désencager la mémoire. Voilà sa force et son histoire. Pour nous en mettre plein la vue et les oreilles, mais il ne faudrait point s'attarder à tant de poudre aux yeux. Car derrière ce feu d'artifice qu'elle nous propose, dans une joie bien communicative, l'Amie du Vent sait par instinct que si le feu réchauffe, il immole à la fois. Son histoire en fait foi.

Joujou conte pour ouvrir les écoutilles de toutes les cales des navires négriers lancés sur les mers du monde et coulés à pic par le destin à cent brasses par le fond. Elle conte encore pour ouvrir les portes de tous les cachots humides de la terre, pour que la lumière mette enfin le feu à l'imaginaire et réchauffe le corps et l'âme de ceux qui n'y auraient pas droit. Joujou conte tout simplement pour se donner le droit d'avoir le droit. Tous les droits.

Joujou raconte pour que la parole ouvre la cage thoracique gonflant l'époumonnerie jusqu'à l'effronterie collective. Et nous redevenons les enfants qu'elle aurait voulu mettre au monde en autant de ballons sondes rejoignant les quatre coins du ciel, survolant les hémisphères d'où jadis a jailli, d'entre tombée de nuit et cassé de jour sur la pirogue volante, la parole première, celle chargée de dire, de résister, de persister, de durer, de perdurer, de génération en génération, pour que jamais ne se termine l'éternel aux fins bouts des semelles lancées sur les chemins du monde à la rencontre de soi, à travers les autres.

Et parce que ma sœur Joujou conte, je me tairai pour l'écouter, pour ne rien perdre de ces perles enfilées dans ce collier d'éternité.

Merci, Joujou, pour toutes ces errances que tu nous donnes à partager à tes côtés, à vivre, à dire et à nommer.

Merci, Joujou, de me faire ressouvenir que l'errance est aussi un pays...

Sylvain Rivière
Les Îles, le 1er septembre 2009.

Introduction

Je suis fille d'un exilé.
Je fais partie du peu de bagages
Que transporte l'exilé
Dans sa hâte pour sa survie.
Je fais partie de sa trousse d'urgence,
Comme on prend ses jambes à son cou
Pour quitter au plus vite,
Le plus loin possible,
Sans regarder derrière,
Sans regretter.

A-t-on même le temps de regarder, de regretter ?

Je suis fille d'un exilé,
Donc exilée moi-même.
Et dans ma trousse de survie à moi,
Je n'avais ni cahier, ni photo, ni poupée.
J'avais les liens du sang.
Mon père, ma mère, ma sœur, mon frère.

Et tous me cachaient habilement
Le drame derrière l'envol vers cette terre autre.

J'avais les liens du sang...
J'avais mes rêves, mes rires, ma naïveté, ma sensibilité
Et j'avais ma mémoire...

Et en peu de temps, l'exil a transformé ma mémoire en un immense gouffre dont il ne restait que de vagues souvenirs. Bien sûr, il me restait quelques traces indélébiles que ni le temps, ni l'exil, ni même la folie n'auraient su effacer. Ah oui! Je revoyais la mer. La mer dont les vagues caressaient le rivage. Splash! Splaaaaaaaaash!

J'en suis tout de même venue à me demander si l'eau de mer était salée. Parfois, je voulais être coquillage, je souhaitais devenir sable, rivage... Juste le temps de me rappeler. J'avais oublié tant de détails.

À la petite l'école, on m'apprenait que Christophe Colomb avait découvert l'Amérique, alors que j'avais cru comprendre qu'il s'était égaré! Le temps passait, et la ville où je suis née était devenue pour moi un lieu mythique qui n'existait telle que je l'avais connue que dans ma mémoire.

Prise d'urgence, je devais vite trouver une solution, une réponse, une vérité avant de tomber dans un égarement ou, pis encore, une nostalgie.

C'est là où ma quête a commencé. Je me suis mise à questionner mes parents qui sont devenus mes encyclopédies de chevet. Puis, j'ai avalé tous les livres de la littérature africaine, caraïbéenne et afro-américaine qui me tombaient sous la main. Et EURÊKA! J'ai trouvé dans l'univers du conte un monde qui me parlait, à moi, sous toutes mes coutures. Et puisque les livres ne suffisaient plus, je me suis mise à surfer sur les mers du monde pour y puiser des bouts de vies, des bouts d'histoires, des bouts de contes et ainsi paraphraser mon île intérieure. J'étais devenue nomade. J'étais devenue conteuse. Voilà le mot magique pour que les gens vous rapportent leur aventure et qu'ils vous fassent don d'un chant, d'une épopée, d'une devinette, d'une parabole, d'un proverbe, d'un mythe, d'un conte.

J'ai toujours détesté le mot «retour» pour parler de la terre natale ou des terres ancestrales. Car moi, nomade, ne retourne nulle part. C'est le même voyage que jadis ont entamé mes ancêtres que je continue. Je ne retourne nulle part! C'est pourtant lors d'une cueillette de données dans la Caraïbe, en l'an 2000, que je suis allée observer chaque goutte de l'océan. Mais comme elle est immense, cette mer! Inlassablement, je quémandais des contes pour enrichir mon répertoire. Et plusieurs me disaient: «Comme tu es drôle, Amie du Vent..., tu viens chercher ici ce que nous allons chercher dans ta terre natale!»

Je suis allée en Haïti, dans ma ville natale, au Cap-Haïtien, où ma cousine Dany Dugué m'avait ouvert la voie dans un pays où l'on ne conte plus au quotidien. Et dans une générosité inénarrable, madame Germaine St-Fleur, les compères Éléazard Joseph et Azou, ainsi que les compères Selondieu et Daniel m'ont rapporté tant de contes, d'histoires, de chants, de devinettes et de proverbes, qu'une seule vie ne saurait reprendre. Puis, monsieur Eddy Lubin m'a présenté à Campèche, non loin du Cap-Haïtien, monsieur Gérard Morissette qui, tout aussi généreux, m'a fait part du conte «Énéris-La-Baleine» que j'ai quelque peu modifié. Mais c'est en allant dans le village de mes ancêtres, celui de mes grands-parents, là où toute petite j'allais passer les grandes vacances, à Quartier-Morin, que j'ai trouvé une mine d'or: un espace créole contemporain en effervescence. Un «nouvel» éloge de la créolité! Un berceau de la créolisation! Mon oncle Serge Fabien et d'autres compères m'ont abreuvée de paroles. J'y ai découvert mon oncle Louis Fabien qui a tout fait pour retrouver, dans sa mémoire, les milliers de contes qu'il m'avait précieusement gardés jusqu'à ce jour. Il m'a fait don des embryons de «Krabier» et de «Chien et Chat» que vous trouverez, adaptés librement, dans ce livre.

«Conte à rebours» (le conte) s'inspire d'un conte wollof que je raconte depuis longtemps en version nomade. Vous le trouverez dans une teinte de 2009. «Amédée» est une création de toute pièce, issue de mon imaginaire hybride. Tous ces contes se veulent un bouquet d'amour pour l'âme humaine. Que vous soyez à Amsterdam, à Tombouctou, à Montréal ou à Quartier-Morin, ils vous sont adressés. Car ne sommes-nous pas tous un peu Krabier, tous un peu Jacqueline, tous un peu Amédée, tous un peu nomades?

En vérité, je ne savais pas que cette aventure d'écriture me ferait voyager en un ailleurs... si profond en moi. Est-ce le fait d'avoir dans un temps circonscrit conçu parallèlement l'œuvre dans sa version orale? Est-ce parce que, sans subvention, j'ai dû faire preuve de beaucoup d'imagination pour produire le CD? Est-ce le fait d'avoir vu mes propres textes sous un nouveau jour en discutant avec la savoureuse Kim Yarochevskaya qui m'a réappris, et je la cite: «à déposer et à regarder un diamant sur un tapis de velours»? Ou est-ce parce qu'il y a un moment déjà que je voulais arrêter le temps pour vous offrir tout fébrilement ces quelques paroles?...

Qu'elles vous appartiennent...
Avec toute la lumière du Soleil...

Joujou, Amie du Vent
Montréal, le 9 septembre 2009.

Remerciements à...

Dieu tout-puissant.

Mes deux patrimoines vivants, mes encyclopédies, mes dépanneurs
ouverts 7/24 : ma mère, Cécile Fabien, de son petit nom Cesse,
et mon père, Théodore Hilarion Turenne, dit Théo ou Yonyon ;

tante Flavie, pour m'avoir sauvé la vie ;
Hervé, pour les pas de tango.

L'équipe de Planète rebelle : Marie Fleurette Beaudoin, Marie-Eve Nadeau
et particulièrement Janou Gagnon, tout en dentelle et en finesse,
présente à chacune des pages ;

Kim Yarochevskaya à qui je dois tant pour sa vérité, ses vérités ;

Sylvain Rivière pour m'avoir rappelé sans cesse que les limites de l'âme
n'ont de sens que lorsque repoussées.

Les habitants de mon magnifique village ancestral, Quartier-Morin, et
particulièrement ma dévouée cousine Dany Dugué, mon tendre tonton Serge Fabien
et mon très cher tonton Louis Fabien, qui m'a rapporté les aventures de « Krabier » et
de « Chien et Chat » que j'ai dénaturées, bien entendu !

Au Cap-Haïtien, ma ville natale, monsieur Eddy Lubin et tous les habitants qui ont voulu
me rapporter un bout de leur histoire, de leurs histoires, de mon histoire ;

Monsieur Gérard Morissette, Nan Campèche au nord d'Haïti près du Cap-Haïtien,
au langage métaphorique, qui m'a raconté « Énéris-La-Baleine »
que, bien entendu, j'ai revisité !

Les habitants de Bouillante, en Guadeloupe, pour avoir organisé des veillées...
de jour pour m'entretenir de leur oralité.

Janet Lumb, Jowee Omicil, Samina ;

Pascal Laraque, Bernard Ouellette et Francis Duchesne, méticuleux et talentueux ;

le compositeur Michel Dubeau, rempli de tendresse, d'émotion, de talent et de générosité ;

tout aussi talentueux et généreux, le compositeur Harold Faustin, pour avoir cru
en ce projet et y avoir consacré tant d'heures à la coréalisation
avec toute sa sensibilité... Mæstro, chapeau bas !

Kina Konto pour sa correction des textes en lingala ;
Raoul Altidor pour sa correction du créole ;
Nancy Jean, Charlton Charles, Mireille Joseph, Abdon KAF pour les pluies d'idées ;
et LAND... au large de Gorée, pour son inspiration, sa sagesse, ses messages emplis d'espoir.

KRABIER

Votre âme est parfois un champ de bataille
où raison et jugement combattent la passion et le désir.
Puissé-je être le pacificateur de votre âme,
transformer la discorde et la rivalité
de vos éléments en unité et en mélodie!

Tiré du **Prophète**, de Khalil Gibran.

YÉÉÉÉÉÉÉÉÉÉÉÉÉÉ KRIIIIIIIIIIIIIIIII!
YÉÉÉÉÉÉÉÉÉÉÉÉÉÉÉÉÉÉÉÉÉÉÉÉÉÉ KRAAAAAAAAAAAAAA!

Est-ce que la cour dort?
Si la cour ne dort pas, qu'elle écoute et qu'elle écoute bien car...

Jacqueline est née au soleil. Le jour de sa naissance, mille feux étince-
laient pour elle. Alors, son premier geste fut d'embrasser les innombrables
rayons qui lui disaient: Honneur! Qui lui disaient: Bonjour! Bienvenue
à la vie! La nuit, elle se faisait bercer par un clair de lune tandis qu'une
myriade d'étoiles scintillaient pour elle dans le ciel. Jacqueline est née
dans un festival de beauté et de lumière. Et, pour elle, on chantait:

Jaklin pi bèl pase solèy
Jaklin pi bèl pase lalin
Jaklin pi bèl pase zetwal
Jaklin ti manman... woy
Jaklin ti manman... woy

Mais à peine eut-elle le temps d'apprendre à marcher que, déjà, elle
prenait la route de l'exil et s'envolait vers un ailleurs de froid, de neige,
de glace. Et comme Jacqueline avait connu le soleil, la lune et les étoiles
avec toute leur lumière, elle transportait toute cette beauté dans ses
yeux et dans chacun des pores de sa peau.

Le temps avait passé. Et, avec lui, Jacqueline avait grandi. Entre-temps...
la nature n'avait épargné aucun détail à sa beauté, allant des courbes
de ses joues jusqu'à la cambrure de son creux de dos. Sa cadence mi-
féline, mi-équestre était d'une telle majesté que même le vent lui cédait

le passage, tandis que les passants restaient muets devant ses pas qui esquissaient une rythmique des plus suaves.

Zɪp pɪ ᴅɪ ᴅɪ... Zap pa ᴅa ᴅa... Zɪp pɪ ᴅɪ ᴅɪ...
Zap pa ᴅa ᴅa...

Messieurs, dames, société, en vérité, Jacqueline était **beeeeeeeeeelle!**
On chantait encore pour elle:

Jacqueline plus belle que le soleil
Jacqueline plus belle que la lune
Jacqueline plus belle que les étoiles
Jacqueline ti manman... woy
Jacqueline ti manman... woy

Et, voyez-vous, elle s'habillait comme quelqu'un provenant d'un autre monde, elle parlait à la manière de gens d'un autre monde, elle mangeait des mets d'un autre monde. Pour faire court, disons que Jacqueline était une « autremondaise ».

YÉ KRIK! YÉ KRAK!

Jacqueline vivait dans un univers tellement froid, que pour couper la monotonie et la froideur de son existence, chaque année, vers le temps des Fêtes, elle se dotait d'un billet d'avion pour, comme elle le disait bien, aller dans le Sud. Et, cette année-là, Jacqueline se rendit sur l'île de Krabier.

Krabier est un pêcheur. Un pêcheur de poisson de mer. Un graaand gaillard bien baraqué. Des montagnes de muscles! Un torse bien bombé! Oh là là! Et lorsque le soleil passe par là, c'est comme si c'était un Adonis des temps modernes.

YÉ KRIK! YÉ KRAK!

Vous savez, les bonheurs viennent souvent accompagnés d'un petit inconvénient. Eh bien! Krabier avait des jambes maiiiiiiiiiiiiigres… «gringalettes!» comme deux tiges de maïs et, pour le narguer, on l'appelait Krabier jambes sèches. Mais Krabier était fier; alors, malgré le surnom qu'on lui donnait, il faisait avancer son embarcation:

WOUCH! WOUCH! WOUCH! WOUCH!

KRIK! KRAK!

Un jour, Jacqueline se promenait sur l'île de Krabier. Et vous savez, de son embarcation, il peut voir tout ce qui se passe le long de la berge, y compris, bien entendu, les touristes qui arrivent. C'est ainsi qu'il vit passer Jacqueline.

ZIP PI DI DI… ZAP PA DA DA…
ET ZIP ET ZAP
ET FLIP ET FLAP
ET KRIK ET KRAK

Il vit surtout qu'elle était beeeeeeelle. Plus belle que le soleil... plus belle que la lune... plus belle que les étoiles. Et déjà, sur l'île, pour elle on chantait:

Jaklin pi bèl pase solèy
Jaklin pi bèl pase lalin
Jaklin pi bèl pase zetwal
Jaklin ti manman... woy
Jaklin ti manman... woy

MISTIKRIK!
MISTIKRAK!

Vous devinez la suite? Krabier voulut parler à Jacqueline. Ce qu'il fit. Et de fil en aiguille, ils ont parlé, parlé, et de parlure en parlure, de parole en parole, de causerie en causerie, de jasette en jasette, l'inévitable est arrivé. Le cœur de Krabier a ramolli, puis, d'un élan furtif, s'est mis à virevolter dans tous les sens. On entendait au loin palpiter son cœur.

PI DI PI PIP! PI DI PI PIP!
PI DI PI PIP! PI DI PI PIP!

Si vrai que n'en pouvant plus, Krabier un jour s'est résolu à révéler la nature de ses sentiments à Jacqueline.

«Maaaademoiselle Jacqueline plus belle que le soleil...
Maaaademoiselle Jacqueline plus belle que la lune...
Maaaademoiselle Jacqueline plus belle que les étoiles...

Je... je... je... je vous aime. En fait, c'est plus que de l'amour
que je ressens pour vous. Lorsque je vous vois,
mon cœur fait pi di pi dim paw paw paw!»

Et il répéta ses paroles amoureuses en y mettant chacun des pores de
sa peau.

«LORSQUE JE VOUS VOIS,
MON CŒUR FAIT PI DI PI DIM PAW PAW PAW!»

Messieurs, dames, société, il est vrai que Jacqueline était belle, mais je
ne vous avais pas dit: elle avait des défauts. Elle était prétentieuse,
arrogante, elle se prenait pour le début, la fin et un petit peu du milieu
de l'univers. Avec sa démarche princière, elle gardait le nez dans les
airs. C'était spectaculaire! Jacqueline avait également transporté dans
sa langue un peu de la parlure de sa terre d'exil, ce qui lui donnait un
charme exquis.

Voilà donc ce qu'elle répliqua au pi dim paw paw paw de Krabier:
— Pardon? On vous a pas dit que j'm'appelais Jacqueline, pis que j'étais
plus belle que le soleil... plus belle que la lune... plus belle que les étoiles.
Pis que j'suis de passage ici, pis que tomber en amour, c'est pas écrit
dans mon agenda. Ç'fait que, Monsieur Krabier, comment déjà donc...
jambes sèches, va ben falloir vous organiser autrement, parce que là,
là, ça va ben faire... pis anyway, j'suis pas venue pour ça ici, moi, tomber en amour. Désolée, là... en tout cas... tataaaaa! Bonne chance, là!

OOOOOOOOOOOOOOOH!
MEZANMI WOY! OOOOOOOOOH!

Krabier était vexé! Offusqué! Son amour-propre a pris une débarque. Son cœur est tombé, bip! dans son ventre pour aboutir dans ses maigres «gringalettes» jambes. Il a dû taper sur ses talons pour que son cœur fragilisé à jamais reprenne enfin sa place. Il reprit son courage à deux bras et à deux rames, puis, en guise de consolation, propulsa son embarcation sur les flots: **wouch! wouch! wouch! wouch!**

YÉ MISTIKRIK! YÉ MISTIKRAK!

Vous connaissez la vie. Elle s'en va comme ça, l'air de rien, et elle vous revient paf! tel un boomerang en plein visage. C'est ainsi que, sur l'île de Krabier, il y eut une pluie diluvienne, et les rivières gonflèrent avant de sortir de leurs lits, ce qui causa une inondation. Une inondation, sur une île, direz-vous, c'est habituel... c'est bien peu de chose. Mais de l'eau, il y en avait partout et, pour Jacqueline, c'était une catastrophe... le déluge!

D'abord, elle essayait d'éviter l'eau, par-ci, par-là, mais c'était peine perdue.
— Oh! Mon doux... mon doux... mon doux... mon doux! Oh! non! De l'eau! C'est effrayant!

Plus elle s'affolait, plus l'eau montait, et plus l'eau montait, plus elle s'affolait. Elle se déchaussa, et de sa démarche princière, il n'en restait guère! Négociant chaque pas autant qu'elle le pouvait, elle criait de plus belle:
— Oh! mon doux! Oooooooooh! Oh! ben là! Encore de l'eau! Oh! ma robe! Soudain, on entendit de l'espoir dans sa voix.

— Oh! ben là... par exemple... Si c'est pas mon beau Krabier, là-bas... au loin... sur la mer. Allô, Krabier! C'est moi, Jacqueline, plus belle que le soleil... plus belle que la lune... plus belle que les étoiles. Tu m'as pas oubliée quand même! Viens chercher ta dulcinée! Krabier doudou, ma papaye dorée! Viens! J'ai besoin d'aide!

Krabier lui répondit:
— Oh! oh! c'est maintenant que je m'appelle Krabier doudou? Papaye dorée! M! M! Tout ça pour moi! Ma dulcinée hein, hein! Viens me chercher! Toi, ma douce? Ah! ma chère, allons donc! Je voulais tout pour toi. Je voulais... J'avais tant d'amour pour toi. Je voulais qu'on vive jusqu'à ce que la mort nous sépare, fonder une famille avec toi, que l'on chemine ensemble jusqu'au firmament du temps. Et toi, tu me traitais de Krabier jambes sèches, et aujourd'hui tu te prénommes dulcinée. Ah! ma chère! Allons donc!

Krabier attrapa ses rames et entonna ce chant:

Wouch wouch wouch wouch
Lèm te ofri w lamaryaj
Ou te dim Krabye janm chèch
Wouch wouch wouch wouch

YÉ KRIK! YÉ KRAK!

Messieurs, dames, société, vous n'êtes pas sans savoir que lors d'une inondation, l'eau ne descend pas. Et bien, l'eau caressait maintenant les mollets de Jacqueline qui s'écriait:

— Oh! ben là, c'est pus drôle... mon dou... Mon ananas sucré, chu mal prise... tu l'vois bien... mon sucre à la crème au chocolat, mon sucre d'orge.

Et Krabier de lui rétorquer :
— Mon ananas sucré, mon sucre à la crème au chocolat, mon sucre d'orge! Tout ça pour moi... maintenant! Ah! ma chère!

Krabier reprit ses rames et chanta :
> *Wouch wouch wouch wouch*
> *Lèm te ofri w lamaryaj*
> *Ou te dim Krabye janm chèch*
> *Wouch wouch wouch wouch*

YÉ MISTIKRIK! YÉ MISTIKRAK!

Vous voyez bien que ce conte peut durer à l'infini. Nous allons donc accélérer la cadence. Disons que l'eau atteignait maintenant les jambes de Jacqueline.

Au fur et à mesure que montait l'eau, Jacqueline improvisait une multitude de flatteries pour attirer l'attention de Krabier :
— Mon petit trésor, mon petit cœur en chocolat, mon choubouloute, mon colibri argenté.

À chaque nouveau petit mot d'amour, Krabier répliquait avec rancœur :
— Tout ça pour moi... maintenant! Ah! ma chère! Allons donc!

Puis, il reprenait ses rames en chantant : *Wouch wouch wouch wouch! Lèm te ofri w lamaryaj. Ou te di m Krabye janm chèch! Wouch wouch wouch wouch!* **Bon! Vous avez compris!**

YÉ KRIK! YÉ KRAK!

Et maintenant, l'eau arrivait à la gorge de Jacqueline. Prise d'urgence, elle se dit qu'il fallait aborder la chose sous un autre angle. Ainsi, hoquetant, s'étouffant presque, elle rassembla le peu de voix qu'il lui restait et lança :
— Krabier! Au secours! Krabier! Krabier! Mon papa a beaucoup d'argent, on va pouvoir s'organiser.

Et Krabier renchérit :
— De l'argent! Celui de ton papa! Ah! ma chère! Laisse-moi tranquille avec l'argent de ton papa. Tout ça pour moi... maintenant! Ah! ma chère!

Il reprit de nouveau ses rames et entonna :
> *Wouch wouch wouch wouch*
> *Lèm te ofri w lamaryaj*
> *Ou te dim Krabye janm chèch*
> *Wouch wouch wouch wouch*

Jacqueline se débattait du mieux qu'elle pouvait, gardant autant que possible la tête à la surface de l'eau. Il est vrai que Jacqueline était plus belle que le soleil... plus belle que la lune... plus belle que les étoiles, mais là... Elle était dans un état de déconfiture le plus total : les cheveux lui collaient au visage, elle avait les yeux hagards et le mascara qui dégoulinait. Elle était belle… mais elle était toute défaite! Comme on dit: «était pas morte, mais était pas forte!» Elle lança un ultime cri désespéré qui fendit l'espace:

«AU SECOURS!»

Messieurs, dames, société, attachez vos tuques, car on est dans un conte, ne l'oubliez pas. Donc, tout devient possible. **Imaginez, imaginez**, vous dis-je. Krabier, en regardant la scène, fut saisi d'une prise de conscience soudaine et intense, et il réussit ipso facto à se débarrasser de toute son énergie négative de vengeance. Bien entendu, nous ne connaissons pas cette vilaine chose qu'est la vengeance. Pour faire court, c'est pas joli du tout et, de toute manière, c'est une autre histoire. Toujours est-il qu'il se rappela alors avec force qu'au fond, il aimait Jacqueline. Dans un mouvement de zèle héroïque, il poussa des cris d'encouragement tels ceux que font les karatékas lors de combats:

«WAAAAAAAAAAAAAAH! WAAAAAAAAAAAAAH!»

Libéré et de nouveau rempli d'amour, Krabier attrapa ses rames et fit avancer son embarcation avec une telle légèreté qu'on eût cru la danse du premier paon. Débordant de passion, on l'entendait au loin:

Ki li ki ki ki! Wouch! Ki li ki ki ki! Wouch!
Anmwey! Je vais chercher ma dulcinée!
Ki li ki ki ki! Wouch! Ki li ki ki ki! Wouch!

Il arriva à temps pour sortir Jacqueline des eaux, la déposa sur son embarcation, puis ils voguèrent, voguèrent, tandis que Krabier chantait:

Kannòt an nou wè
Len gen den gen geng
Na prale vre
Kannòt an nou wè.
Si se pat pou letènèl m ta kite w la
Kannòt an nou wè
Len gen den gen geng
Wouch!
Kannòt an nou wè
Si se pat pou letènèl m ta kite w la
Kannòt an nou wè
Len gen den gen geng
Na prale vre
An han! An han!
Kannòt an nou wè! Kannòt an nou non!
Ki li ki ki ki! Wouch! Ki li ki ki ki! Wouch!
J'ai retrouvé ma dulcinée!
N'était-ce l'Éternel, je l'aurais abandonnée!
Ki li ki ki ki! Wouch! Ki li ki ki ki! Wouch!
Kannòt an nou wè! Kannòt an nou non!
An han! An han!
Ki li ki ki ki! Wouch! Ki li ki ki ki! Wouch!

Au fait, vous avez déjà entendu parler de l'héroïne qui tombe amoureuse de son héros sauveur? Eh bien, on est en plein dedans! C'est d'ailleurs ce qui a permis ce qui suit.

C'est pour vous dire, messieurs, dames, société, qu'ils voguèrent sur les flots de l'amour. L'histoire ne rapporte pas si c'était au nord-est ou au sud-ouest, et ça n'a aucune importance, car quand on trouve l'amour, peu importe où il se trouve, sachons seulement le reconnaître.

L'histoire ne rapporte pas non plus si Jacqueline est restée sur l'île de Krabier ou si Krabier est rentré avec Jacqueline, ou encore s'ils ont fait des allers-retours. Une chose est certaine, puisqu'ils ne pouvaient pas être toujours ensemble, entre deux moments d'amour, le temps d'un instant, dans l'attente d'une prochaine étreinte, ils fredonnaient un chant d'espérance, juste pour faire soupirer le temps.

Wongòl o wale
Ki lè wa vini wèm ankò wale
Wongòl o wale
Ki lè wa vini wèm ankò wale
Wale wale
Wale wale
Mon amour, quand reviendras-tu me voir
Je brûle d'impatience de te revoir
Wale wale
Wale wale

Traduction approximative du chant *Kannòt an nou wè!*:
Bateau, allons! Allons-y vraiment!
N'était-ce l'Éternel, j'aurais abandonné ma dulcinée!
En avant, bateau! Allons-y!
Ki li ki ki ki! Wouch!

CHIEN ET CHAT

— Histoire ! Histoire !

— Qu'est-ce que c'est ?

— Un conte !

— Un conte ? Raconte !

— Le conte va et le conte vient

et si ce n'est pas un mensonge,

vérité ce sera...

Plus loin que jadis, au temps encore plus lointain qu'autrefois, dans un château vivait un roi. Ce roi était tellement amoureux de sa reine que c'était comme s'il avait enfilé des lunettes d'amour. Tout ce qu'il voyait était teinté d'amour. Le royaume était gouverné avec bonté, tendresse, justice et équité. Forcément, tous les sujets du roi le vénéraient. Quant à la reine, belle du cœur et de l'âme, elle était tout autant amoureuse. Lorsque le roi était confus, elle le ramenait en douceur sur ses deux pieds. Et lorsque à son tour elle se sentait mi-figue, mi-raisin, le roi l'épaulait. Et pour son roi, la reine chantait, dansait. Complices l'un de l'autre, ils se récitaient des poèmes en tandem. Même un conte ne saurait rapporter autant de beauté.

Vous imaginez le pouvoir d'un roi multiplié par celui de l'amour? Eh bien! messieurs, dames, société, le roi s'est mis en tête que la Terre entière devait être au courant de son amour pour la reine.

Ainsi, il se dit:
— Je vais organiser une fête **royale**, sur mon bateau **royal**, en l'honneur de ma reine afin que tout le monde sache que je suis un homme comblé. Et je vais inviter... **EUUUUUUUUH!**

Le roi fut très embarrassé de réaliser qu'il avait beau être roi et posséder un bateau royal, jamais il ne pourrait inviter l'univers entier.

Il se dit alors:
— Je vais devoir faire un choix...

Puis, il trancha.
—Tiens! Je vais inviter toutes les bêtes à cornes. Ainsi, il y aura de la place pour tous les convives.

AINSI FUT DIT! AINSI FUT FAIT!

Ainsi, Taureau, Cabri, Bélier, Mouton, Chèvre, Licorne, Cerf, Girafe, Mufle, Orignal, Éléphant et tant d'autres reçurent un carton d'invitation, écrit à l'encre d'or, de la part de la cour du roi. Eh bien! messieurs, dames, société, tandis que ces derniers se trémoussaient de bonheur, le malheur prenait son élan pour tomber **BI DIM BOW**! sur la tête de Chien et de Chat qui, vous le savez comme moi, n'ont pas de cornes. Catastrophe: ils n'étaient pas invités!

— **WOY! WOLOLOY!** Nous ne sommes pas invités à la fête **royale** sur le bateau **royal**! Nous, des bougres d'une telle importance! Mais c'est une calamité! Nous devons intervenir!

COMME DIT! COMME FAIT!

Ils ont beaucoup machiné, ils ont fait des pluies d'idées, ils ont fait des caucus, ils ont fait de la créativité inventive. Puis, ils ont fini par trouver. Ils se sont fabriqué des cornes en carton, et ils ont préparé une pâte à base d'eau et d'amidon en guise de colle, et puisqu'on est dans un conte, ça a marché!

Le jour de la fête arriva et, sur le bateau **royal**, toutes les bêtes à cornes se pavanaient à qui mieux mieux. Ainsi, Bouc, Vache, Licorne, Biche, Caribou, Rhinocéros, Escargot, Limace, Renne et les autres invités montaient sur le bateau **royal**, majestueusement paré pour l'occasion. C'était festif... on ne peut pas mieux dire! Et parmi toutes ces bêtes se faufilèrent Chien et Chat avec leurs cornes en carton collées à l'amidon. Emballés, ils chantaient:

Nou prale nan bal
Konpè ti chat
Nou prale nan bal

Nou prale nan bal
Konpè ti chyen
Nou prale nan bal

Lè nou rive na danse konsa
Konsa konsa
Konsa konsa konsa konsa

Nous irons au bal
mon compère Chat
nous irons danser au bal!

Nous irons au bal
mon compère Chien
nous irons danser au bal!

À bord, il y avait à manger, à boire, il y avait de la musique, tous dansaient. C'est pour vous dire que la fête allait bon train!

À un certain moment, disons à 1 000 nœuds des côtes, les vagues créaient un tumulte sur le bateau qui tanguait... tanguait. Et l'eau voltigeait de manière imprévisible. Pris de remords et de panique, Chat, tremblotant, dit alors à Chien:

— C'est vrai que l'ambiance est bonne, mais je ne me sens pas trop dans mon élément ici. Toutes ces bêtes avec de vraies cornes! Mon compère, je crains que le capitaine ne nous découvre, qu'il ne nous largue à la mer... et que ça fasse très, très, très mal. Je suis content d'avoir goûté à la fête, mais je préfère sauter par moi-même et amortir ma chute.

Malgré les efforts de Chien pour convaincre son ami de rester, Chat prit son courage à quatre pattes, se rendit à bâbord et s'étonna :

— OHHHHHHHHHHH !

C'EST HAUT ! OHHHHHHHHHHHHHHH !

Entre-temps, le bateau voguait, voguait, tanguait. Chat renchérit :
— Mieux vaut que je me largue moi-même, comme ça, ça fera moins mal !
Et, dans un élan héroïque, il compta :

UUUUUUUUUUN
DEUUUUUUUUUUUUX
TROIIIIIIIIIIIIIIIIIIIIIIIIIIIIIIIIIIIIIIIIIS
ET TOMBA :
SSSSPLAAAAAAAAAAAAAAAAAAAAAASH !

Chat nagea, nagea, atteignit le rivage, reprit son souffle, puis réfléchit tout haut : «Mais c'est pas juste ! Moi, je descends du bateau très amusant, tandis que Chien est encore là-bas à fêter avec ses fausses cornes !»

Et là, messiers, dames, société, n'oubliez pas que nous sommes dans UN CONTE A-NI-MA-LIER.

Eh bien, Chat fut aux prises avec de vils sentiments que ne connaît pas l'Humain ! Animé par une féroce méchanceté, des pulsions de vengeance l'amenèrent à des actions de délation. Le félin en lui s'afficha. Il s'étira et, d'un cri strident, alerta le capitaine :

— Miaou! Héééé! Capitaine! Ô! Héééé! Capitaine! Ô! Capitaine, t'as des cornes qui sont mal soudées, t'as des cornes qui vont se décoller!

Mais le capitaine ne comprenait rien du tout et il continuait à faire avancer le bateau royal, majestueusement paré, qui tanguait et tanguait de plus belle.

Chat doubla d'ardeur dans une version RAP:

«Héééé! Capitaine! Ô! Héééé! Capitaine! Ô!
T'as - des - cornes - qui - vont - se - décoller!
Qui - sont - mal - soudées...
Qui - vont - se - décoller...
Qui vont se décoller!»

Malgré tout ce vacarme, le capitaine continuait à naviguer son bateau normalement. C'est Chien qui comprit que si jamais le capitaine avait vraiment compris le signal, il serait dans de beaux draps. Il se dit alors: «La mer devient de plus en plus haute. Ça va faire très, très mal si je me fais larguer. Mieux vaut que j'y aille par moi-même.»

Bon! Rappelez-vous encore une fois: ceci est un conte... Ce sont les mêmes choses qui arrivent chaque fois, mais avec une petite nuance. Chien alla donc à tribord et, dans un élan héroïque, il compta:

UUUUUUUUUUN
DEUUUUUUUUUUUUX
TROIIIIIIIIIIIIIIIIIIIIIIIIIIIIIIIIIIIIIIIIS
Et tomba:
SSSSPLAAAAAAAAAAAAAAAAAAAAAASH!

Il nagea à s'époumoner et dit d'un ton menaçant :
— Aussi vrai que je m'appelle Chien, si je me noie, ce sera bien pour toi !
Mais si j'arrive au rivage, tu vas voir ce que tu vas voir !

D'où l'expression : « Mais t'es chien, toi ! »

Messieurs, dames, société, Chien nagea, nagea. Et après avoir avalé beaucoup d'eau salée, il arriva enfin au rivage.

Sous les menaces, Chat se mit à courir dans tous les sens. Et dans une volonté de survivance, lorsqu'il vit un arbre, il se mit de tout son long, grimpa, fit un saut olympien, atteignit la plus longue, la plus haute branche, et put se blottir, tandis que Chien, frustré, vociférait de vulgaires aboiements :

« WOUF ! WOUF ! ... »

On dit que « l'ami essuie la sueur, il n'essuie pas le sang ».
On dit : « Pwason gen konfyans a dlo, dlo kwit li ».
On dit aussi : « Manje ou pi renmen, se li kap trangle w ».

Eh bien ! messieurs dames, société, on rapporte que c'est depuis ce temps que Chien et Chat sont devenus des ennemis jurés, d'où le dicton : « Comme chien et chat ». Avant cet incident, ils s'entendaient aussi bien que les cinq doigts de la main.

Et c'est depuis ce temps également que Chat peut grimper si haut dans les arbres. Auparavant, il se faufilait ou rampait tel un reptile, mais jamais jusqu'aux cimes des arbres.

Je vous vois vous demander : « Qu'en est-il de l'histoire d'amour… du roi amoureux ? Et de sa reine ? » Eh bien, voilà !

La nouvelle parvint aux oreilles du roi :
— Ohhh ! Moi qui voulais célébrer l'amour ! Voilà que ça tourne au vinaigre pour aboutir en chicane, en rancune. Ah ! non !

Comme c'était un roi, il avait tout le pouvoir d'un roi. L'année d'après, il organisa une fête pour toutes les bêtes poilues. Ainsi, Chien et Chat furent invités. Mais les bêtes qui n'avaient ni poils ni cornes étaient furieuses. Donc, l'année suivante, le roi invita toutes les bêtes à ailes. Mais les bêtes qui n'avaient ni ailes, ni poils, ni cornes n'étaient pas contentes. Donc, l'année d'après, le roi invita toutes les bêtes avec une carapace. Ainsi, les bêtes qui n'avaient ni carapace, ni ailes, ni poils, ni cornes étaient déçues… Vous avez compris ?

Il en fut ainsi d'année en année… Puis vint la fois où le roi invita les Humains. C'est ainsi que je pus être invitée. J'ai eu vent de l'histoire, j'ai fait 872 fois le tour de la Terre pour vous rapporter cette aventure.

C'est pour vous dire, messieurs, dames, société, que d'autres royaumes avoisinants ont entendu parler de l'affaire et se sont mis à leur tour à célébrer l'amour.

Il y en a qui disent que ça s'est passé un 8 mars, Journée internationale de la femme ; et qu'à cette date, chaque année, le roi fêtait sa reine.

Mais ce n'est pas possible ! Le roi était amoureux. Il n'aurait jamais fait ça, choisir **UN** jour pour fêter sa reine.

Plusieurs reprennent: «Non! non! Ça s'est passé un 14 février, la fête de l'amour.»

Mais non! **UN** jour pour célébrer l'amour! Le roi n'aurait jamais fait ça!

Et d'autres répliquent: «Mais non! Ça s'est passé une journée comme ça, tout à fait anodine.»

Et, au fond, ça n'a aucune importance, quel jour ça s'est passé, parce qu'il n'y a pas de jour pour fêter l'amour. Libre à chacun, à chacune de fêter son roi, sa reine tous les jours.

**Je dépose ces paroles à vos pieds,
qu'elles vous appartiennent, vous les rapporterez
à quiconque voudra bien écouter.**

L'ami essuie la sueur, il n'essuie pas le sang. Proverbe baoulé (Côte d'Ivoire) : *Entre amis, il peut y avoir des disputes, mais pas de guerres.*

Pwason gen konfyans a dlo, dlo kwit li. Proverbe créole: *Le poisson a confiance en l'eau, l'eau le cuit.*

Manje ou pi renmen, se li kap trangle w. Proverbe créole: *L'aliment que tu préfères, c'est celui-là qui t'étranglera.*

ÉNÉRIS-LA-BALEINE

— Parole !
— Nous t'écoutons.
— Maintenant, dis à ton cœur qu'il vienne près de moi,
comme vont venir vers tes oreilles mes paroles.

Dans un village lointain vivaient Natalia, dont le surnom était Nounou, ses parents et son petit frère Octavio. En ce temps-là, il n'y avait pas d'eau potable dans les demeures, ni de puits collectif. Tantôt Natalia, tantôt son frère, chacun son tour, devaient aller chercher de l'eau à la rivière.

Chaque fois que Natalia revenait avec de l'eau, l'eau était claire, translucide, belle et surtout bonne à boire. Étrangement, chaque fois que son frère rapportait l'eau, elle était boueuse, dégueulasse et mauvaise à boire.

En fait, secrètement, lorsque Natalia se rendait à la rivière, elle chantait une chanson :

Se mwen, nounou
Manman m voye m pran dlo
Manman m voye m pran dlo
M vin chèche dlo
M tou profite m vin adore w
C'est moi, Nounou, ma mère m'envoie puiser de l'eau.
Je viens chercher de l'eau, j'en profite pour t'adorer.

C'est alors qu'arrivait un poisson pas ordinaire, dont les paillettes reflétaient la lumière du soleil, un poisson génie qu'on appelle : Énéris-La-Baleine. Et la complicité qu'il y avait entre Natalia et Énéris-La-Baleine nous laissait comprendre qu'ils étaient amoureux.

Énéris-La-Baleine répondait par ce chant :

Se mwen Eneris labalèn
Sa ki nonmen non mwen
Mhhh!

Se mwen Eneris labalèn
Konsa ya wè mwen
Mhhh! Mhhh!
C'est moi, Énéris-La-Baleine,
quiconque m'interpellera saura qui je suis.

Et c'est ainsi que Natalia rentrait à la maison avec de l'eau claire et délectable. Le lendemain, même rengaine, son frère partait pour chercher l'eau. L'eau revenait boueuse et imbuvable.

Vous savez très bien qu'il y a de ces sentiments que quelques raaaaaaares humains aiment bien cultiver, comme la jalousie, l'envie. Et quand ça se met à prendre tellement de place dans leur ventre, alors ces gens-là ne résistent plus et développent toutes sortes de réactions de vengeance, de mesquinerie. Eh ben! c'est ce qui est arrivé à Octavio.

YÉ MISTIKRAK! YÉ MISTIKRAK!

Un jour, n'en pouvant plus, il s'est mis en tête d'épier Natalia afin de percer ce mystère. Ce jour-là, Natalia venait de prendre un seau et se rendait à la rivière pour y chercher de l'eau, sans savoir, bien sûr, qu'Octavio surveillait au loin chacun de ses gestes.

YÉ KRIK! YÉ KRAK!

Comme d'habitude, arrivée à la berge, Natalia se pencha et, d'une voix douce et mielleuse, chanta:

> *Se mwen, nounou*
> *Manman m voye m pran dlo*
> *Manman m voye m pran dlo*
> *M vin chèche dlo*
> *M tou profite m vin adore w*

Aussitôt, messieurs, dames, société, l'eau se mit à bouger. On aperçut d'abord une tête de poisson, puis les écailles de son corps tout entier miroitaient au soleil; on eût dit des paillettes d'or. Et le poisson génie se mit à chanter:

> *Se mwen Eneris labalèn*
> *Sa ki nonmen non mwen*
> *Mhhh!*
> *Se mwen Eneris labalèn*
> *Konsa ya wè mwen*
> *Mhhh! Mhhh!*

C'est alors que coula doucement dans le seau de Natalia une eau belle, transparente, translucide, claire et bonne à boire. Évidemment, vous devinez qu'Octavio avait suivi l'opération. Le lendemain, comme c'était à son tour, il s'en alla clopin-clopant et zip et zap. Confiant, il s'approcha de la rivière et reprit de sa voix rauque et rocailleuse l'air qu'il avait entendu la veille:

> *Se mwen, nounou*
> *Manman m voye m pran dlo*
> *Manman m voye m pran dlo*
> *M vin chèche dlo*
> *M tou profite m vin adore w*

On vit des remous à la surface de la rivière car, rappelez-vous, la chanson rapporte que quiconque m'interpellera saura qui je suis. Énéris-La-Baleine sortit la tête juste pour répondre à la chanson. Mais sachant très bien qu'il ne s'agissait pas de son amoureuse, il replongea dans les profondeurs de l'eau. Aussitôt, Octavio plongea son seau, mais c'était trop tard, l'eau était devenue boueuse, dégueulasse et mauvaise à boire. Il rentra donc à la maison, bredouille et trèèèèèèèèèès contrarié.

Et les jours passaient, et c'était toujours la même rengaine jusqu'au point où... vous savez ce qu'un cœur jaloux peut faire... Alors le frère de Natalia, aigri, raconta l'histoire à ses parents, qui répondirent :
— Oh ! Notre fille Natalia, amoureuse d'un poisson ? Mais qu'est-ce que c'est que cette histoire ? Ah, non ! Non, non, non, il faut arrêter ça !

Le frère ajouta :
— Oui, et puis, vous savez quoi, elle chante une chanson :

> *Se mwen, nounou*
> *Manman m voye m pran dlo*
> *Manman m voye m pran dlo*
> *M vin chèche dlo*
> *M tou profite m vin adore w*

— Et puis le poisson sort et se met à chanter et à danser pour elle ! Oui, oui, oui, oui ! Je les ai vus... de mes yeux vus !

Affolée, la mère s'écria :
— Quoi ? Non ! C'est vrai qu'il n'y a pas de sot métier, c'est vrai aussi que l'on ne peut pas choisir l'amour pour notre fille. Mais quand

même, un poisson! Quand même... enfin! Heu... **UN POISSON**! Ah! non! non! Il faut arrêter cette baliverne!

Le père enchaîna:
— D'accord, nous allons prendre tout ce qu'il faut pour pêcher le poisson et cette histoire sera terminée. Bon! Notre eau sera peut-être boueuse, tant pis! On la fera bouillir, c'est tout! Mais, au moins, notre fille ne sera pas amoureuse d'un poisson. Qu'est-ce que c'est que cette histoire...

La décision était finale: ils mettraient au point une stratégie afin de zigouiller Énéris-La-Baleine.

YÉ KRIK! YÉ KRAK!

Le lendemain, alors que Natalia était partie pour prendre de l'eau comme d'habitude, elle chanta:

Se mwen, nounou
Manman m voye m pran dlo
Manman m voye m pran dlo
M vin chèche dlo
M tou profite m vin adore w

Vous savez qu'Énéris-La-Baleine n'est pas un poisson ordinaire. Ses pouvoirs de génie lui permirent de tout deviner et de prévenir sa bien-aimée. Il sortit la tête et annonça:

Se mwen Eneris labalèn
Sa ki nonmen non mwen
Mhhh!

Se mwen Eneris labalèn
Konsa ya wè mwen
Mhhh! Mhhh!

Nounou, chérie «koukoute[1]», j'ai une mauvaise nouvelle à t'annoncer. Je t'offre l'eau, elle est belle, elle est claire, elle est bonne à boire, mais je te donne aussi ce mouchoir. Ecoute-moi bien, mon ange: quand tu rentreras un jour à la maison, tu verras un poisson sur la table, ce poisson, ce sera moi. On veut me détruire et on veut détruire notre amour aussi, mais avec ce mouchoir, rassure-toi, participe au repas, mange comme tout le monde. Mais, à la fin, ramasse chaque arête que tu mettras dans ce mouchoir et viens les jeter à la rivière. Et tu verras, nous serons de nouveau réunis.

KRIK! KRAK!

Le surlendemain, les parents de Natalia lui demandèrent d'aller chercher quelques mangues au marché. Vous vous imaginez tout le temps qu'il faudrait pour chercher des mangues au marché, alors que ce n'était pas la saison des mangues. Ils ont demandé aussi à Natalia:
— Rapporte-nous des papayes.

Ce n'était pas non plus la saison des papayes! Puis, ils ont ajouté:
— N'oublie pas de rapporter des tomates fraîches!

HHHHHHHHH!

---

[1] *Koukoute*: petit mot d'amour qui pourrait se traduire par «ma tendre» ou «ma douce».

Quel calvaire! Arrivée au marché, Natalia a pris le temps qu'il fallait. Pendant ce temps, équipés de pioches, d'un filet et d'un marteau, son père, sa mère et Octavio allaient à la rivière exécuter leur plan sadique. Pour faire sortir le poisson génie de l'eau, ils ont chanté de leur voix rauque, grasse et haineuse :

> *Se mwen, nounou*
> *Manman m voye m pran dlo*
> *Manman m voye m pran dlo*
> *M vin chèche dlo*
> *M tou profite m vin adore w*

À ce moment-là, bien sûr, Énéris-La-Baleine savait bien que ce n'était pas Natalia, mais il sortit quand même la tête de l'eau. Ouille! Messieurs, dames, société, à ce moment même, pioches et marteau écorchèrent le poisson génie. Ils réussirent à l'assommer et l'amenèrent à la maison. Ils l'ont assaisonné avec du sel, du poivre, du paprika, des feuilles de basilic, du thym frais, puis ils ont ciselé la peau d'Énéris-La-Baleine pour bien faire macérer les épices. Ils l'ont mis à mijoter et là, ils ont trouvé que ce serait succulent s'ils ajoutaient un petit peu de poivre de Cayenne, ce qu'ils firent.

YÉ KRIK! YÉ KRAK!

Natalia arriva enfin à la maison avec quelques mangues et papayes déshydratées et de belles tomates. OOOOOOOOOOH! Messieurs, dames, société, imaginez... Vous êtes amoureuse et vous voyez votre amoureux là, étendu sur une table, la tête béate, avec un oignon dans la bouche, le corps ciselé, le tout assaisonné avec épices, paprika, thym, ail et compagnie. Imaginez l'état dans lequel se trouvait Natalia. Ça ne s'explique même pas, ça se vit, tout simplement. Pour faire avancer l'histoire, disons qu'elle était dévastée.

Mais, par chance, elle était prévenue. Elle fit comme Énéris-La-Baleine lui avait recommandé: de participer au repas, de manger. Et après le repas, elle sortit discrètement de sa poche son petit mouchoir et y déposa une à une chaque arête qu'elle venait de récolter. Elle s'en alla à la rivière. L'histoire ne dit pas si elle était confiante ou confuse. Ses arêtes dans son mouchoir, et son mouchoir près de son cœur, elle marchait... elle marchait. Finalement arrivée à la rivière, elle chanta comme elle le put:

> *Se mwen, nounou*
> *Manman m voye m pran dlo*
> *Manman m voye m pran dlo*
> *M vin chèche dlo*
> *M tou profite m vin adore w*

Natalia chantait faiblement, mais cela suffit pour que son amoureux sorte juste un peu la tête. À peine eut-il le temps d'apercevoir le visage de la jeune fille que déjà l'eau devenait trouble. Mais on pouvait quand même l'entendre doucement soupirer:

> *Se mwen Eneris labalèn*
> *Sa ki nonmen non mwen*
> *Mhhh!*
> *Se mwen Eneris labalèn*
> *Konsa ya wè mwen*
> *Mhhh! Mhhh!*

Alors, vous sentez bien que Natalia n'a pas eu d'autre choix que de chanter encore plus fort.

> *Se mwen, nounou*
> *Manman m voye m pran dlo*
> *Manman m voye m pran dlo*
> *M vin chèche dlo*
> *M tou profite m vin adore w*

On vit alors la tête d'Énéris-La-Baleine :

> *Se mwen Eneris labalèn*
> *Sa ki nonmen non mwen*
> *Mhhh!*
> *Se mwen Eneris labalèn*
> *Konsa ya wè mwen*
> *Mhhh! Mhhh!*

Natalia reprit de l'espoir et chanta jusqu'à pierre fendre :

> *Se mwen, nounou*
> *Manman m voye m pran dlo*
> *Manman m voye m pran dlo*
> *M vin chèche dlo*
> *M tou profite m vin adore w*

L'eau bougeait tellement, on eût dit que c'était un jacuzzi. Cette rivière n'était plus une rivière, mais une immense marmite qui bouillonnait et on vit une tête apparaître... puis tout un corps surgir de l'eau. Le paysage était doré tellement il y avait de lumière sur le corps d'Énéris-La-Baleine. Il chanta glorieusement :

> *Se mwen Eneris labalèn*
> *Sa ki nonmen non mwen*
> *Mhhh!*

Se mwen Eneris labalèn
Konsa ya wè mwen
Mhhh! Mhhh!

L'eau s'est entrouverte telle une offrande de bonheur. Sans la moindre hésitation, Natalia alla rejoindre son bien-aimé. Puis... à la surface des eaux... aucun tumulte. Plus rien. Même pas un murmure.

Et au moment où je vous parle, messieurs, dames, société, Natalia et Énéris-La-Baleine sont toujours de grands amants. Ils vivent leur amour infini dans les profondeurs de cette rivière, loin des autoroutes et loin des klaxons. Quant aux parents de Natalia qui auraient préféré un autre amoureux pour leur fille, ils sont inconsolables. En fait, ils la pleurent peut-être pour rien parce qu'elle est heureuse, là-bas... au loin. Ils ont voulu se mêler des affaires de ceux qui s'aiment. Eh bien voilà! Ça a donné ce que ça a donné! *La plume de l'oiseau s'envole en l'air, mais elle termine à terre*[2].

MON CONTE EST FINI!
TROP BRUSQUE, DIREZ-VOUS? ALORS, ÉCOUTEZ CE QUI SUIT...

En vérité, messieurs, dames, société, dans sa version originale, le conte rapporte que tous ceux, à l'exception de Natalia, qui ont mangé le poisson génie sont morts. Il paraîtrait également qu'Énéris-La-Baleine a repris sa forme humaine, est ressorti des eaux avec Natalia, puis le beau jeune homme qu'il est devenu a bâti pour sa douce une très belle maison où seul le mot bonheur est de rigueur.

CROYEZ-LE, CROYEZ-LE PAS,
PRENEZ-LE, PRENEZ-LE PAS,
MON CONTE FINIT LÀ!

---

[2] Proverbe mossi, Burkina Faso: *On ne peut empêcher l'inévitable.*

Conte à rebours

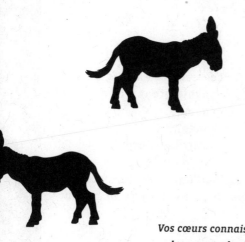

Vos cœurs connaissent dans le silence
les secrets des jours et des nuits,
mais vos oreilles aspirent à entendre la connaissance de ce cœur.
Vous voudriez connaître en paroles ce que vous avez
toujours connu en pensée.
Vous voudriez toucher du doigt
le corps nu de vos rêves.

Tiré du **Prophète**, de Khalil Gibran.

Un homme avait un fils qui présentait des comportements un peu particuliers. Il manquait de discernement et avalait tout rond ce qu'on lui proposait. Inquiet, le père, un jour, lui demanda :
— Dis-moi, mon fils, que comprends-tu du monde ?
— Mmmmmh ! Mais dis-moi donc, papa, ce qu'est le monde.

Alors, le père suggéra au fils d'aller chercher l'âne et qu'ensemble, ils iraient voir ce qu'est le monde. Ainsi fut dit... ainsi fut fait. Ils prirent l'âne et, côte à côte, ils marchèrent.

Ils ont marché, marché, ils ont marché,

marché, ils ont marché, marché...

Ils ont tellement marché qu'ils sont arrivés quelque part.

Et il y avait tant d'eau qu'ils ont nagé, nagé, ils ont nagé, nagé,

ils ont nagé, nagé...

Ils ont tellement nagé qu'ils ont atteint l'autre rive.

Et ils ont encore marché.

Ils marchèrent tant qu'ils arrivèrent quelque part. Ils ont regardé à gauche, et puis à droite, et puis en haut, et puis en bas. Ils ont fait un tour sur eux-mêmes, pour constater qu'ils étaient perdus. Mais au moment précis où ils allaient rebrousser chemin, à ce moment même, ils virent un groupe de jeunes filles faisant la lessive à la rivière. Et puis, l'une d'entre elles sortit du lot : c'était Bintou. Bien qu'elle ait voulu être une célébrité, Bintou se contentait de la banalité accablante de son quotidien. En voyant passer ainsi le père, le fils et l'âne, cela la mit dans un état de catastrophe, elle était estomaquée, époustouflée, carambolée, outrée, choquée et se mit à crier... Que je vous présente la scène :

Chô! Manman nangaye! Manman nangaye ô!
Bo zali zoba! Bo zali na liboma! Bo zali malamu té[1]?
Oh! vous avez vu?
Dis donc, il y a là un père, il y a le fils, il y a l'âne.
Ils ne pensent même pas à se servir de l'âne.
Comment côte à côte, comme ça?
Ah! vraiment, nous, on ne fait pas comme ça ici! Oh!
Boya! Boya awa! Boya kotala! Boya! Boya komona[2]!
Eh! Mais vraiment!
OHH! Vous prenez du temps, là, pourquoi même?
Venez voir! Ça, c'est pas possible! Oh!

Confondu, le fils annonça :
— Papa, je pense qu'on s'est trompés.

Ils prirent leurs jambes à leur cou et la poudre d'escampette avec. Et là, messieurs, dames, société, ils marchèrent, marchèrent...

Ils marchèrent, marchèrent, ils marchèrent tant et tant...
Ils marchèrent si longtemps qu'ils arrivèrent quelque part.
Et il y avait tant d'eau qu'ils durent nager, nager, nager et nager.
Ils atteignirent la terre ferme.
Et ils marchèrent encore et encore.

Ils décidèrent alors qu'ils mettraient le jeune homme sur l'âne et que le père marcherait à côté. À force de tant marcher, ils sont arrivés quelque part où ils se croyaient perdus. Ils ont regardé à gauche, et puis à droite, et puis en haut, et puis en bas, ils ont fait un tour sur eux-mêmes. C'est

---

[1] Vous êtes bêtes! Vous êtes fous! Vous n'allez pas bien ? (Trad. du lingala.)
[2] Venez! Venez ici! Venez voir! Venez! Venez constater par vous-mêmes! (Trad. du lingala.)

alors qu'ils aperçurent une dame qui, semble-t-il, sortait d'un bistro dans un état d'ébriété avancé. Cette dame, c'était Orélie. Autrefois, elle embrassait la vie. Mais depuis qu'Albert l'avait laissée sans donner d'explication, elle était tombée dans un long entonnoir, et la vie s'était mise à l'avaler. Pour résister, elle mangeait tout ce qu'elle pouvait... surtout ses émotions. Et pour mieux manger, elle buvait. Elle sirotait ses espoirs, elle ingurgitait ses peines, de verre en verre, elle noyait son désespoir. À l'entrée du bistro, Orélie titubait. Témoin malgré elle, elle était dans un état de catastrophe, semblait estomaquée, époustouflée carambolée outrée, et puis choquée. Elle ne revenait pas de ce qu'elle voyait. Que je vous présente la scène.

> Non! Mais dites donc, c'est dégueulasse!
> Qu'est-ce que c'est que cette galère?
> Ma foi, je rêve ou quoi, là?
> Y'a des mômes qui sont gonflés, quand même!
> Non, on m'eût dit, j'eus pas cru!
> Vraiment, c'est galère: y'a un jeune fainéant, là, sur l'âne,
> y pense même pas à son vieux...
> Non! C'est trop fort, quoi!
> Hé! les mecs, vous prenez du temps, là...
> vous avez fini de prendre un coup?
> Vraiment, faut faire quelque chose, c'est dégueulasse!
> N'importe quoi!

Confondu, le fils annonça:
— Papa, je pense qu'on s'est trompés.

Ils prirent leurs jambes à leur cou, et la poudre d'escampette avec. Et là, messieurs, dames, société, ils ont marché.

Ils ont marché, marché, ils ont marché, marché,
ils ont marché, marché...
Ils ont tellement marché qu'ils sont arrivés quelque part.
Et il y avait tant d'eau qu'ils ont nagé, nagé, ils ont nagé, nagé,
ils ont nagé, nagé...
Ils ont tellement nagé qu'ils ont atteint l'autre rive.
Et ils ont encore marché.

Ils marchèrent tant qu'ils arrivèrent quelque part. Ils ont regardé à gauche, et puis à droite, en haut, et puis en bas. Et puis, ils ont fait un tour sur eux-mêmes, et ils se croyaient perdus.

Ils avaient décidé alors de mettre le père sur l'âne et que le fils marcherait à côté. À ce moment même, un vieillard, fumant sa pipe à l'ombre d'un bananier, les observait. Ce vieillard, c'était Ti-Mòy. Depuis que l'ouragan avait disséminé aux quatre vents le peu de biens qu'il lui restait, il était demeuré bouche bée. Les gens du village le surnommaient Ti-Mòy le bèbè (Ti-Mòy le muet). Mais ce qu'il vit ce jour-là le mit dans un tel état de catastrophe, qu'il reprit l'usage de la parole. Il était estomaqué, époustouflé... carambolé... outré, choqué. Il n'en revenait pas. Que je vous présente la scène.

Oh! Oh! Oh! Oh! Ki kalite koze sa enh! Adje! Mezanmi!
On mi di je ni pa kri non!
Ò ò ò ò ò ò ò ò ò ò!
Il y a un vieillard qui est sur un âne et puis,
semble-t-il, son fils à côté.
Qu'est-ce que c'est que cette affaire? Non! Non! Non! Non!
Venez voir! Venez voir!
Ki sa ki pran nou tan konsa en? Mezanmi! Vini wè non!
On mi di je ni pa kri! Vraiment!

Il y a des vieillards pour qui la félicité n'a pas de prix.
Oh! Oh! Oh! On m'eût dit, mais je ne l'aurais pas cru.
Mezanmi, mezanmi, mezanmi... Woy! Jezi, Mari, Jozèf!

Confondu, le fils annonça :
— Papa, je pense qu'on s'est trompés.

Ils prirent leurs jambes à leur cou et la poudre d'escampette avec, et ils partirent. Ainsi, messieurs, dames, société, ils ont tant marché qu'ils en ont eu marre! Alors, ils se sont mis à chanter et à danser...

An nou mache woy! An nou ale woy!
Marchons! Allons-y!
An nou mache woy!
Marchons!
An nou ale douvan!
Allons de l'avant!

Ils arrivèrent quelque part où ils trouvèrent une embarcation, et ils ont vogué.

An nou navige woy! An nou ale woy!
Voguons! Allons-y!
An nou navige woy!
Voguons!
An nou ale douvan!
Allons de l'avant!

Ah! Ah! Ils se sont bien amusés. Puis, arrivés à la terre ferme, ils décidèrent que les deux allaient monter sur l'âne. Ainsi, l'âne a marché, trotté, trottiné, galopé pour enfin arriver quelque part où ils ont regardé à gauche, et puis à... droite. Et puis en haut, et puis en bas. Et puis, ils ont fait un tour sur eux-mêmes.

Ils virent qu'il y avait un champ de blé ou de maïs... l'histoire ne précise pas ce détail-là. Il y avait une étendue de blond doré à perte de vue. Et de tout ce blond, on pouvait voir surgir deux petites choses bleues. En fronçant les sourcils, en plissant les yeux, ils purent discerner un visage. Ce visage, c'était celui de Johnny. Sa mère le mit au monde dans l'euphorie du Nouvel An, faisant de lui le premier bébé de l'année. Un petit blond aux yeux bleus! Cette coïncidence avait créé pour attente envers lui qu'il soit le premier en tout; le premier partout. Mais Johnny n'était ni meilleur ni pire que quiconque. Tout simplement lui-même. La déception qu'il déclenchait rendait les gens méchants, pensait-il. Il se sentait incompris, au point où son visage s'était abattu tel un épagneul, ce qui lui donnait un air attendrissant. Et en voyant ainsi le père, le fils, tous deux sur l'âne, il est tombé dans un état de catastrophe, il était estomaqué, époustouflé... carambolé... outré... choqué... Il n'en revenait tout simplement pas. Puis, il émit quelques sons. Que je vous présente la scène.

Ben voyons donc! Baptême! Cout'don'!
Quessé ça, c'est pas du monde! Ç'a pas d'bon sens!
Hey! C't effrayant! Heeeeey!
T'y penses pas, bonhomme! Deux sur un âne, tsé veux dire...
Ma gang d'écœurants, de nonos, de sans dessein, vous aut'là!
Ça prend pas la tête à Papineau pour comprendre ça, franchement!
Vous allez ben finir par l'étouffer, l'assommer, l'âne!
J'sais pas là, mais quèqu'un quèque chose, faites de quoi parce que ça.
Ç'a pas de bon sens. Ça urge! Non, mais vraiment là,
genre 911, tsé veux dire?
Pis ça va ben faire, mes écœurants! Cout'don'!
C'est pas mêlant, j'en reviens carrément pas.

Confondu, le fils annonça :
— «Papa, je pense qu'on s'est trompés.»

Ils prirent leurs jambes à leur cou et la poudre d'escampette avec. Messieurs, dames, société, ils ont marché, marché, marché.
Ils ont marché, ils ont marché, ils ont tellement marché...
Ils ont tellement marché qu'ils sont arrivés quelque part.
Et il y avait tant d'eau qu'ils ont nagé, nagé, nagé...
Ils ont nagé, nagé, nagé, ils ont tellement nagé
qu'ils ont atteint l'autre rive.
Et ils ont encore marché.

Ils ont tellement marché qu'ils sont arrivés quelque part. Ils ne savaient pas du tout où ils en étaient, ils étaient confus, ne savaient plus quoi faire. Alors, ils ont pris tous les haillons qui étaient à leur disposition. Ils s'en sont recouverts, se pensant à l'abri de regards humiliants et de paroles blessantes. Pourtant, malgré tous leurs efforts, en marchant, marchant, ils pouvaient entendre les passants :
Oh! My God, oh! Jee! Oh! Gosh, this cannot be, these people are so weird, oh! Gosh, oh! Jee! Oh! Gosh, I can't believe my eyes! Come and see oh! Gosh we don't do like this over here, oh! Gosh, oh! Jee! Oh! My God this is incredible. Oh! Jee, oh! Gosh!

Ils ont continué leur marche. Puis, il y eut de l'eau et ils nagèrent, nagèrent jusqu'à la terre ferme, et ils marchèrent, marchèrent...

Ils sont enfin arrivés quelque part. Ils ont regardé à gauche, et puis à droite.

Et puis en haut, et puis en bas.

Ils ont fait un tour sur eux-mêmes pour constater qu'ils étaient au même endroit d'où ils étaient partis.

YÉ KRIK! YÉ KRAK!

Le père eut à dire au fils :
— Mon fils, tu as tout vu, tu as tout entendu. Si tu t'amuses à faire ce que l'un veut que tu fasses, ou ce que l'autre souhaite que tu fasses, tu n'en auras jamais terminé. Car rarement les humains s'entendent à dire la même chose à propos d'une même affaire.

Puis le père ajouta :
— Écoute plutôt ton cœur... Mais n'essaie pas d'aller plus vite que le vent, de brûler plus que le feu, de briller plus que les étoiles, ni de rattraper ton ombre. Va au rythme de tes pas... Car dans les bois, ce sont eux qui frayent ton chemin. Et sur ce chemin... écoute chaque battement de ton cœur... tu entendras alors ta vérité...

YÉ KRIK! YÉ KRAK!

Le fils, qui avait très bien compris, d'un air coquin, lui a répondu :
— Papa, et si on portait l'âne sur notre dos, peut-être bien que ça ferait l'affaire de tout le monde ?

Le père pensa : « Tout le monde... c'est personne », mais il préféra garder cette réplique pour une prochaine fois.

C'est pour vous dire, messieurs, dames, société, qu'on est sur une planète qui peut sembler très grande parfois, mais, au fond, elle n'est pas plus grande qu'une boîte d'allumettes. Et d'un bout à l'autre de cette Terre, on est très différents. Mais n'est-ce pas étrange comme on se ressemble, même dans nos différences?

Mais oui, c'est moi le meilleur!
I'm the best com'on!
Ò Ò se mwen wi ki pi fò, sa wap di la a
TsTsTsTsTsTs! Ben non, voyons don',
tu l'sais ben' trop qu'c'est moé l'meilleur!

Parce qu'en fin de compte, au-delà du meilleur ou du pire... Et s'il y avait un peu de place pour la co-existence... l'indulgence...

MESSIEURS, DAMES, SOCIÉTÉ,
CES PAROLES VOUS APPARTIENNENT,
VOUS LES RAPPORTEREZ À TOUS CEUX ET
À TOUTES CELLES QUI VOUDRONT ÉCOUTER.

VOICI! VOILÀ!

AMÉDÉE

Laissez-moi dormir,
car mon âme est ivre d'amour,
et laissez-moi reposer,
car mon esprit a eu son compte
de jours et de nuits.

Tiré de «Beauté de la mort», dans **Rires et larmes**, de Khalil Gibran.

— *Histoire! Histoire!*
— *Raconte ton conte!*
— *Voilà!*

Amédée venait d'avoir cent vingt-huit ans. Le pauvre, il était fatigué...
fatigué, mais vraiment fatigué. Il n'avait qu'une idée en tête: c'était
de partir pour le pays des ancêtres. Mais les ancêtres ne voulaient pas
d'Amédée dans leur pays. La nuit, il se blottissait dans le sommeil et
souhaitait ne jamais se réveiller. Les jours passaient, les nuits de même.
Et, cette nuit-là, même un petit sommeil de rien du tout ne venait pas.
Alors, tout fatigué, fatigué, Amédée se mit à parler tout seul:
— Pourquoi suis-je condamné à vivre si longtemps? Pourquoi? Pourquoi?

Seul le silence lui répondit. Tout à coup, le silence fut brisé par un gros
tintamarre, suivi d'un long rire gras et irritant: « HA! HA! HA! HA! HA! »

Inquiet, il demanda:
— Qui est là? Oh! Qui est là?
— C'est moi, ton vieux frère. Comment, Amédée, tu n'as donc pas compris? Tu ne pourras pas venir nous rejoindre tant et aussi longtemps
que tu n'auras pas connu l'amour.

Amédée était découragé.
— Pitié! Pitié! Je suis fatigué... si fatigué! Oh! Connaître l'amour, à mon
âge: quelle idée! Mais ce ne peut être qu'une erreur. Je n'ai plus vingt
ans, je ne suis plus très beau, mon corps est plissé tel un accordéon. Il
me faut une canne pour marcher, je n'ai plus qu'une dent et pas de
cheveux du tout. Je n'ai pas un sou mais, ma foi, je n'ai rien à offrir.
— Rien à offrir, en es-tu bien sûr?

Puis, un silence sourd et lourd emplit de nouveau la salle. Amédée, tout fatigué qu'il était, s'en alla arpenter les chemins de la vie. Et à chacune des âmes qu'il croisait, il racontait son aventure. Il y en a qui riaient de lui. D'autres, avec empathie, lui souhaitaient: «Bonne chance!» Plusieurs étaient sceptiques et disaient: «ÔÔÔÔÔÔ! Chus pas sûr!»

Vous savez, fort heureusement, que chaque pain à son fromage; que rares sont les maladies sans remèdes. Vous savez aussi que même dans une botte de foin, on peut trouver une aiguille, si l'on prend bien soin de chercher. Eh ben! il en a eu, de la veine, Amédée! Les jours ont succédé à d'autres et les lunes ont fait place à d'autres lunes et puis, un jour, Amédée a rencontré l'amour... Ah! Ah! Amédée était heureux, heureux! Des larmes de joie perlaient sur ses joues. Ses yeux brillaient telles des lucioles. Les plis de son corps semblaient disparus. Amédée volait, planait. Il ne se sentait plus, il était régénéré, revivifié, revigorifié. (Ha! ha! ha!) Heureux, il chantait.

Mwen renmenw, ti cheri, I love you, te quiero, abiba, m fou pou ou,
Na lingui yo, te amo, ich liebe dich, m' gni wanwé, mon amour,
Mé ourem ka ka ka,
J't'aime en simonac. J't'aime... comme ça s'peut pas!
Mwen renmenw, mon amour... je t'adore, I love you, m fou pou ou.

Rempli, rempli de joie, le cœur d'Amédée se mit à battre et à battre: boum! badaboum! boum! badaboum! boum! badaboum! ha! ha! ha! boum! badaboum! boum...

Avec l'élan de ses vingt ans, son corps dansait, virevoltait, sautait, piaffait. Mais le poids des années l'a vite exténué... parce qu'Amédée avait quand même cent vingt-huit ans! Après la démesure de sa samba effrénée, une vacillation gagnait maintenant ses jambes.

Oh, là! Son cœur tombait dans ses talons. Il avait beau tout faire pour le remettre en place, mais son cœur s'affaiblissait. C'est à ce moment-là que le long sommeil tant convoité se mit à dandiner devant Amédée. Mais Amédée ne voulait plus partir. Il préférait chanter d'amour.

Mwen renmenw, ti cheri, I love you, te quiero, abiba, m fou pou ou,
Na lingui yo, te amo, ich liebe dich, m' gni wanwé, mon amour,
Mé ourem ka ka ka,
J't'aime en simonac. J't'aime... comme ça s'peut pas!
Mwen renmenw, mon amour... je t'adore, I love you, m fou pou ou.

Et une épaisse ombre s'avançait tout de même pour enturbanner Amédée, l'enrouler, l'emporter. Amédée résistait et l'ombre insistait.
— Je ne veux pas partir. NON! JE NE VEUX PAS PARTIR, JE VEUX PAS Y ALLER! NON! LAISSE-MOI TRANQUILLE! NON! JE SUIS OCCUPÉ. MON CŒUR EST PRIS ET REMPLI D'AMOUR, JE NE VEUX PAS QUITTER MA DOUCE, JE NE VEUX PAS Y ALLER!

Tandis que les battements de son cœur s'estompaient peu à peu, Amédée suppliait une dernière fois le long sommeil et, avec le peu de voix qu'il lui restait, il chantait encore une fois pour sa douce.

Non! Je ne veux pas partir, je suis bien là, je ne veux pas partir!
Non! Non! Non! Je ne veux pas partir!
Mwen renmenw, ti cheri, I love you, te quiero, abiba, m fou pou ou,
J'veux pas y aller! J'veux rester auprès de ma douce.
Na lingui yo, te amo, ich liebe dich, m' gni wanwé, mon amour,
J'veux pas partir!
Mé ourem ka ka ka,

J't'aime en simonac. J't'aime... comme ça s'peut pas !
J'veux rester... juste un peu ma douce... un tout petit peu...
Mwen renmenw, mon amour... je t'adore, I love you, m fou pou ou.

Et l'ombre s'avançait tout de même, gagnait Amédée pour l'emmener au pays des ancêtres.

Il y en a qui disent qu'Amédée, il est parti avec le nuage dans un long soupir. Il y en a qui disent non, non, non ! Amédée, il est parti avec une envolée de papillons, sur les ailes d'un arc-en-ciel, je l'ai vu moi-même, de mes yeux vu. Il y en a qui disent non ! Amédée, il est parti avec l'aurore boréale. On aura beau dire, peu importe, Amédée, il est parti, il est parti, il est parti heureux.

LE CŒUR REMPLI D'AMOUR.

Messieurs, dames, société, avant cet incident, Amédée ne pouvait pas aller rejoindre ses vieux frères, car de ses cent vingt-huit années, il n'avait jamais vraiment vécu, car nul ne meurt sans avoir connu l'amour; et nul ne vit sans avoir aimé un jour. Quant à moi, Joujou, Amie du Vent, tout ce que je vous souhaite, c'est de rencontrer cet amour **avant** de partir pour le pays des ancêtres.

NUL NE MEURT SANS AMOUR !
NUL NE MEURT SANS AMOUR !

Mwen renmenw,
Ti cheri,
I love you,
Te quiero,
Abiba,
M fou pou ou,
Na lingui yo,
Te amo,
Ich liebe dich,
M' gni wanwé,
Mon amour,
Mé ourem ka ka ka,
J'taime en simonac. J'taime... comme ça s'peut pas !
Mwen renmenw, mon amour...
Je t'adore, I love you, m fou pou ou.

Se pase m t ap pase,
Yo banm yon ti kout pye,
M vin penpe jiskisit pou m mete koze sa yo deyò.

Je ne faisais que passer,
On m'a donné un coup de pied,
J'ai abouti jusqu'ici pour tout vous rapporter.

© Colombe Boileau

Certains façonnent la glaise. **JOUJOU TURENNE** façonne la parole. Inspirée pas ses filiations africaines, ses parents caraïbéens, les mille textures du Québec où elle s'est installée et les quatre coins du monde qu'elle traverse, elle pense, vit et vibre au rythme de cette planète qui tantôt fait rire, tantôt porte à réfléchir, tantôt provoque la colère. Et elle se plaît à le DIRE à tout Vent... du Yukon aux Antilles, de Halifax à Vancouver, de l'Europe à l'Afrique.

Ni griotte, ni conteuse folklorique, ni ethnologue, elle raconte des récits poétiques de sa plume, tout en puisant aux contes traditionnels. Princière, Joujou, Amie du Vent laisse jaillir de sa bouche des cascades d'histoires, de poèmes, de chants, de souffle, avec le sens de l'épique et des gestes qui évoquent les quiétudes ou les turbulences de la Mer et du Vent.

Joujou Turenne a plusieurs publications à son actif, dont différents collectifs, ainsi que *Ti Pinge*, album avec CD bilingue (français/anglais) publié en 2006 chez Planète rebelle, et *Joujou, amie du Vent*, recueil de contes du CIDIHCA (1998).

Parus dans la même collection chez Planète rebelle

Baie Déception, Julie Hétu, 2009.
Contes et complaintes. Deux voix contemporaines, Michel Faubert et
    Michel Hindenoch, 2009.
Feu blanc. Contes de la Lune, Éric Gauthier, 2009.
Source(s), Simon Gauthier, 2009.
Les contes de la Poule à Madame Moreau, Claudette L'Heureux, 2009.
Hommes de pioche, Renée Robitaille, 2008.
Paroles de terroir, Jacques Pasquet, 2008.
TiNess «O» Noces, La Marie-Conteuse, 2008.
Les temps qui courent. Vingt ans de paroles tenues,
    Nathalie Derome, 2008.
10 ans, ça conte! Le rendez-vous des Grandes Gueules, collectif, 2007.
Montréal démasquée, Jean-Marc Massie, 2007.
Parlures d'Acadie, collectif, 2007.
Il faut tenter le diable!, collectif, 2007.
Sur le chemin des contes, collectif, 2006.
L'homme qui lisait dans les mamelons et autres contes de l'émotion,
    Ronald Larocque, 2006.

Comme une odeur de muscles, Fred Pellerin, 2005.

La Désilet s'est fait engrosser par un lièvre. Le temps des semailles,
    Renée Robitaille, 2005.

La Grande Nuit du conte – Vol. 2, collectif, 2004.

Jos Gallant et autres contes inventés de l'Abitibi,
    André Lemelin, 2004.

Contes coquins pour oreilles folichonnes, Renée Robitaille, 2004.

Les contes des mille et une ères, Oro Anahory-Librowicz, 2003.

Tant d'histoires autour des seins, collectif, 2003.

Portraits en blues de travail, Jocelyn Bérubé, 2003.

Il faut prendre le taureau par les contes!, Fred Pellerin, 2003.

Raconte-moi que tu as vu l'Irlande, Mike Burns, 2003.

Delirium tremens, Jean-Marc Massie, 2002.

Le bonhomme La Misère, Denis Gadoury, 2002.

Terre des pigeons, Éric Gauthier, 2002.

Dans mon village, il y a belle Lurette..., Fred Pellerin, 2001.

Ma chasse-galerie, Marc Laberge, 2000.